DÉDICACES

Aux longues et courtes oreilles qui ont apporté tant de joie dans nos vies, et aux créateurs de Facebook qui ont permis à tous les amis de ces créatures de partager leur passion.

Dédicace particulière et mes remerciements à ma magnifique JO qui a été ma lumière inspirante depuis 2004. Sans toi, JO, ce livre et toutes ces courtes et longues oreilles à quatre pattes n'auraient jamais pû faire partie de ma vie.

Eee-ka Trouve Sa Vraie Famille

Écrit par
Bari C. Fischer

Illustré par
Kathy Pogan

Merci à
Frances Stevens de la Drôme, France et Jean-Pierre Fages d'Arras, France
pour la Traduction Française.

"Pourquoi pleures-tu ?"

"Je veux ma maman !"

"Petit, qui es-tu ?"

"Mon nom est EEE-Ka. Et toi, qui es-tu ?"

"Je suis JO."

"Mais, où est ma Maman ?"

"Ta maman a dû nous dire au revoir pour aller rejoindre les ânes au ciel. Elle m'a demandé de veiller sur toi."

Maintenant, je vais prendre soin de toi et je serai ta Maman. Tu peux m'appeler Mama JO."

"MAIS, Mama JO, où allons-nous ?
Je ne veux pas partir !"

"Mon EEE-Ka, nous le devons ! Nous voyageons vers un endroit très spécial. Il y a des champs magnifiques où l'on peut courir et jouer, et l'herbe y est verte, abondante ...et a le goût du miel.

D'autres, comme nous, seront là-bas et on se fera beaucoup d'amis. Dors, Petit, nous arriverons quand le soleil se lèvera."

Le soleil entra à travers les fenêtres !
BUMP ! ...soudain, le van s'arrêta.

"Oh non, on est arrivés ?"

"Oui, nous y sommes – reste tout près de moi, Petit."

"J'ai peur, Mama JO !
Qui sont tous ces animaux ?"

"HI-HAN, HI-HAN
HIII-HIII-HIII.

Qui êtes-vous ?"
dirent-ils à l'unisson.

"Je suis Mama JO et voici mon petit,
EEE-Ka."

"Il est À TOI ?"
les ânes se mirent à braire en riant.
"Ton Petit !"

Les ânes regardèrent EEE-Ka et firent "HI-HAN, HI-HAN - tu es comme nous - on fait le même son ! Comment Mama JO peut-elle être ta mère - elle dit HIII-HIII-HIII ?"

"C'est ma Maman", BRAIT EEE-Ka.

Mama JO hennit fermement, "EEE-Ka est MON Petit !"

Les poneys HENNIRENT d'amusement.

"Tu es sa MÈRE ? Comment peux-tu être sa mère en ayant une crinière et une queue longues et souples, alors que la crinière d'EEE-Ka se dresse comme un pinceau et que sa queue ressemble à une brosse à dents usée ?"

Le cheval noir géant qui galopait hennit, "Mama JO, ton Petit a des oreilles géantes et les tiennes sont petites comme les miennes !

On se demande comment tu peux être sa Maman et EEE-Ka être ton Petit ?"

EEE-Ka tourna la tête et leva les yeux vers Mama JO, des larmes géantes ruisselant sur son visage.

"EEE-Ka, les apparences et les sons ne font pas un parent et un enfant. L'amour et l'engagement, Oui !"

"Chaque fois que je pose les yeux sur toi et qu[e] je vois cette belle croix noire sur ton dos, je sai[s] que je suis bénie de t'avoir comme mon Petit."

"Mama JO, quand je lève les yeux vers toi et que je vois ces magnifiques cœurs marron de chaque côté de toi, j'ai la certitude que tu m'aimes et que je t'aime."

"EEE-Ka, tu es unique et parfait, tu es À MOI et je suis à toi… tu es unique en ton genre, et je t'aimerai et prendrai soin de toi pour toujours !"

EEE-Ka commença à braire et à botter joyeusement, criant aux autres

"Je suis unique, je suis parfait, je suis unique en mon genre, et Mama JO est à moi !"

"EEE-Ka, tu es mon VRAI Petit"

"Mama JO, tu es ma VRAIE Maman !"

EEE-Ka et Mama JO s'envolèrent à travers champs, sautant, hennissant et brayant avec délice !

Les ânes, les poneys et le grand cheval noir les suivirent en galopant et claquant des sabots avec joie et excitation !

"Je t'aimerai et prendrai soin de toi pour toujours !"

Quand ils s'arrêtèrent de courir, le grand cheval noir se mit à trotter et hennir,

"Nous sommes tous là ensemble - longues oreilles, courtes oreilles, hennissant ou brayant. Nous sommes ici pour protéger, aimer et prendre soin les uns des autres. Grands ou petits, nous ne sommes qu'Un !"

"L'amour n'a pas de formes, ni de couleurs, ni de sons ...juste un sentiment de chaleur à l'intérieur de nous, et qui vibre tout le temps.

Nous sommes ici pour aimer, respecter et prendre soin les uns des autres.
Nous sommes une VRAIE famille !"

Fin.

ARNOLD'S RESCUE CENTER

CECI EST LA VÉRITABLE HISTOIRE D'UNE VRAIE FAMILLE, CELLE DU "ARNOLD'S RESCUE CENTER."

À PROPOS DE L'AUTEURE ET DE L'ILLUSTRATRICE...

Bari C. Fischer, diplômée d'un Master en éducation, thérapeute pour enfants et familles ...à la retraite, mère de 5 enfants, bénévole au Arnold's Wildlife Rehabilitation And Rescue Center depuis 1999, co-directrice ainsi que co-fondatrice du Arnold's Rescue Center à Brownington, Vermont, USA.

Kathy Pogan, résidant à Arras, Hauts-De-France, France, a étudié les Arts Plastiques à l'École Des Beaux-Arts de Douai. La passion de Kathy pour les animaux, en particulier les "longues oreilles", se traduit au sein de ses magnifiques pastels et dessins d'animaux et de la Nature. Elle est devenue, parmi les artistes illustrant les Ânes, l'une des plus remarquables, en France ainsi que sur les sites web internationaux de "longues oreilles", nombreux sur Facebook.

www.ingramcontent.com/pod-product-compliance
Lightning Source LLC
Chambersburg PA
CBHW051300110526
44589CB00025B/2892